居家科学健身方法指导丛书

青少年

居家科学健身方法指导

国家体育总局体育科学研究所　主编

李　良　崔新雯　编著

人民邮电出版社

北京

图书在版编目（CIP）数据

青少年居家科学健身方法指导 / 国家体育总局体育
科学研究所主编；李良，崔新雯编著. -- 北京：人民
邮电出版社，2020.5
（居家科学健身方法指导丛书）
ISBN 978-7-115-53636-5

Ⅰ．①青… Ⅱ．①国… ②李… ③崔… Ⅲ．①青少年
－健身运动－基本知识 Ⅳ．①G883

中国版本图书馆CIP数据核字(2020)第047062号

免责声明

作者和出版商都已尽可能确保本书技术上的准确性以及合理性，并特别声明，不会承担由于使用本出版物中的材料而遭受的任何损伤所直接或间接产生的与个人或团体相关的一切责任、损失或风险。

内 容 提 要

《青少年居家科学健身方法指导》由国家体育总局体育科学研究所科学健身专家倾力打造，书中不仅涵盖了适合青少年居家进行的热身、拉伸活动，介绍了青少年居家锻炼的科学知识，还提供了72个针对青少年生长发育特点的居家动作练习，以及12个设计科学的青少年居家健身方案，能够全面提升青少年的力量素质、心肺耐力、柔韧素质和灵敏协调素质，帮助他们拥有挺拔的身姿，告别肥胖。

对于青少年和家长来说，本书是一本方便实用的居家健身工具书；对于学校体育教师、从事青少年身体训练与健康促进相关工作的教练和研究人员来说，本书也具有一定的参考价值。

◆ 主　　编　国家体育总局体育科学研究所
　　编　　著　李　良　崔新雯
　　责任编辑　裴　倩
　　责任印制　周昇亮

◆ 人民邮电出版社出版发行　　北京市丰台区成寿寺路 11 号
　　邮编　100164　　电子邮件　315@ptpress.com.cn
　　网址　https://www.ptpress.com.cn
　　天津图文方嘉印刷有限公司印刷

◆ 开本：700×1000　1/16
　　印张：8.25　　　　　　　　　　2020 年 5 月第 1 版
　　字数：180 千字　　　　　　　2020 年 5 月天津第 1 次印刷

定价：39.80 元

读者服务热线：(010) 81055296　印装质量热线：(010) 81055316
反盗版热线：(010) 81055315
广告经营许可证：京东工商广登字 20170147 号

丛书序

己亥年末、庚子年初，一场突如其来的新型冠状病毒肺炎疫情打破了往年春节喜庆祥和的气氛。疫情就是命令，防控就是责任。为尽早打赢病毒阻击战、歼灭战，广大人民群众积极响应号召选择居家生活和居家办公，尽可能远离病毒传染源，尽可能减少聚集。

但随着居家时间的延长，室内活动范围狭小、久坐少动，再加上美食诱惑等不利因素，导致群众的体重、体脂含量容易快速增加，高血脂、高血压和糖尿病等慢性疾病的发生率也容易相应升高。长期居家，焦虑、压抑等不良心理容易累积，这很可能会有损免疫能力。对于儿童青少年来说，待在家中时间较长，缺少必要的体力活动，长时间看电视、玩电子游戏，看书、写作业时坐姿不端正等，将会使视力水平下降、近视发生率增加、滋生烦躁等负面情绪。

为满足广大人民群众居家科学健身的迫切需求，提高体质健康水平，增强机体免疫力，调节长期居家生活导致的不良心理，国家体育总局体育科学研究所组织有关专家围绕不同人群居家健身的需求特点，创编了"居家科学健身方法指导丛书"。尽管本丛书创编于疫情期间，但也完全适用于平常时期的居家健身。

本丛书涵盖儿童、青少年、成年人和老年人全年龄段人群，针对不同人群的生理特点、健身需求和体质健康所面临的问题进行创编。每本书均包括居家科学健身基本理论、运动前热身理论与方法、居家科学健身方法、运动后拉伸放松理论与方法，以及针对性的居家科学健身方案。居家科学健身基本理论知识浅显易懂；健身方法动作简单、实用，可居家练习，动作具有配图，且大部分动作可扫二维码观看；居家健身方案针对性强，为具体问题提供了切实可行的健身解决方案，读者可根据实际需要选择练习。

国家体育总局体育科学研究所

在线视频访问说明

　　本书提供70个动作练习的视频，您可以通过微信的"扫一扫"功能，扫描本书中的二维码进行观看。

　　步骤1： 点击微信聊天界面右上角的"+"，弹出功能菜单（如图1所示）。

　　步骤2： 点击弹出的功能菜单上的"扫一扫"，进入该功能界面，扫描书中动作旁边的二维码。

　　步骤3： 如果您未关注"人邮体育"公众号，在第一次扫描后会出现"人邮体育"的二维码（如图2所示）。关注"人邮体育"公众号之后，点击"资源详情"（如图3所示）即可观看动作视频。

　　如果您已经关注了"人邮体育"微信公众号，扫描后可以直接观看视频。

图1　　　　　　　　　　图2　　　　　　　　　　图3

特殊说明：

1.本书中的大部分动作都有一个对应的动作视频二维码。

2.考虑到部分动作练习的单次演示时间较短和动作难度较大的情况，同时为了达到更好的指导效果，动作视频将重复演示动作练习若干次。此外，为了更好地展示动作细节，部分动作视频将从不同角度或书中演示侧的对侧演示动作练习并重复若干次。

目录

第4章　青少年居家健身后的拉伸活动　　88

第5章　青少年居家健身方案　　106

第1章

运动健身与青少年生长发育

运动健身在青少年体格生长、身体素质提升、大脑发育以及心理素质培养等方面发挥着不可替代的重要作用。了解青少年的生长发育特点以及各项身体素质的发展特点，能够帮助锻炼者更科学、更高效地进行居家锻炼。

生长发育是儿童青少年时期的主要特征，它既包括身体外观量的变化，也包括身体内部质的变化。生长是指构成身体的各种细胞和组织在大小、重量方面的增长，这是量的变化；而发育是指这些细胞、组织和器官功能的成熟与完善，这是质的变化。除了身体的生长发育，心理的发育同样重要。伴随着神经系统和感觉器官的发育，以及各种激素的合成与分泌，大脑的感知、记忆力及逻辑思维能力不断增强，使青少年逐渐形成具有自身特征的心理状态。在了解青少年身体形态的生长发育特点之前，先来看看人体生长发育的规律。

1.1 人体生长发育的规律

生长发育的阶段性和连续性

身体的生长与发育并不是一蹴而就的，这个过程分为婴儿阶段（0～1岁）、幼儿阶段（1～3岁）、学龄前阶段（3～6岁）、学龄儿童阶段（6～12岁）、青少年阶段（12～18岁）和成年阶段（18岁以上），每个阶段都有其生长发育特点。虽然生长发育过程是由不同的生长阶段组成的，但整体来看又是一个动态的连续过程，且各个生长阶段之间是密切联系的。在正常生长环境下，生长发育过程将按遗传潜能决定的方向、速度和目标发育，但个体间的生长发育进度存在差异。

生长发育速度的不均衡性

儿童青少年的生长发育速度并不是稳定不变的，在其连续性的成长过程中，有的阶段生长发育较为迅速，而有的阶段相对缓慢。总体来说，人体在成长过程中有两个生长突增期，第一生长突增期是从胎儿期开始并延续至出生后1～2年，主要集中于孕中期至1岁末的阶段；第二生长突增期即青春期，通常女孩从10岁开始，男孩从12岁开始，身高逐渐进入突增高峰，一年可增长8～10厘米，甚至更多，体重每年增长5～6千克。

生长发育的时序性与统一性

人体内有很多具有不同功能的器官和系统，它们的发育进度也存在差异，有先有后，在时间上呈现出时序性。通常来说，大脑和神经系统发育较早，神经细胞在胎儿期已大量增殖，6岁时大脑重量可达成人脑重的90%，但其功能仍在不断发育和成熟。对于运动系统来说，婴幼儿时期首先发展粗大动作，然后才逐渐开始发展精细动作；同时，粗大动作和精细动作遵循近侧发展规律，即近躯干的四肢肌肉先发育，手部的精细动作后发育。虽然人体各个系统的发育时间及进度并不是一致的，但在相同性别的同龄人中，身体各个系统的发育进度是比较均衡且统一的。

1.2 青少年身体形态的生长发育特点

身体形态是指人体外部的形态和特征。最重要且最常用的人体形态指标包括身高、体重和围度（围度即胸围、腰围、臀围）。通过测量和分析青少年身体形态指标的变化，可以评估其生长发育水平。以下是青少年在身高、体重和围度方面表现出的生长发育特点。

身高

身高通常是最易观察也最受关注的人体形态指标，它反映了身体的纵向生长进度。除了在胎儿至婴幼儿时期的身高增长高峰外，进入青春期时，身高增长速度开始明显加快，每年可增长 8～10 厘米，甚至更多，持续增长的时间也较长。身高的增长幅度受到多种因素的影响，研究发现，遗传是影响身高生长幅度的主要内在因素；此外，运动和营养等外在因素对身高增长的影响也较大。因此，青少年一定要把握好身高增长的黄金期，通过摄入充足的营养和参加足量的运动让自己长得更高。

体重

体重是反映身体横向生长水平的客观指标，通过体重不仅可以看出身材的胖或瘦，更重要的是可以评价肌肉、脂肪以及身体内部器官的发育状况。在青春期，随着身高增长速度的加快，体重的增长幅度也会变大，通常每年可增长 5～6 千克。在人的一生中，体重始终在动态变化，它与饮食和运动密切相关。如果饮食中的能量摄入过多而运动消耗较少，会导致能量过剩，并进一步引起肥胖的发生。肥胖不仅会影响青少年正常的生长发育，还会引起一些慢性疾病（如高血压和糖尿病等）。因此，青少年一定要在摄入充足营养以保障生长发育的前提下，积极参加运动，控制体重的合理增长。

围度

胸围、腰围和臀围是评价生长发育水平的常用围度指标，可通过专门的围度尺或普通尼龙带尺进行测量。胸围就是围绕胸廓一周的最大围度，可以评价胸廓的大小及胸部肌肉的发育状况，并能反映胸廓内部器官的发育情况。腰围的大小反映了腹部脂肪的多少，在判断中心性肥胖时有重要参考意义，可间接反映人体的脂肪含量状态。臀围就是臀部的围度，它可用来评价人体臀部肌肉和脂肪的发育状况。

1.3 青少年身体机能的生长发育特点

身体机能是指人体以及组成人体的各个器官、系统所表现出的生命活动能力。良好的机能状态是维持体能充沛和精力旺盛的重要保证。运动能力与身体机能相辅相成，科学的运动可以提高机能状态，而较好的身体机能也有助于运动能力的发挥。青少年身体机能方面的生长发育特点表现在以下 4 个方面。

运动系统

运动系统主要包括骨骼、骨与骨之间的连接和骨骼肌三个方面。儿童时期的骨骼特点是弹性较大，但硬度不足，虽不易发生骨折，但是受到外力时容易变形。进入青少年时期，骨骼在长度增长的同时，骨干也在增粗，骨量不断积累，使骨骼能够承受一定的重力负荷。肌肉跟骨骼的生长发育进度并不是同步的，通常肌肉生长较慢，直到进入青春期时，肌肉才开始快速生长，但这个时期主要表现为肌纤维长度和肌肉重量的增加，而肌肉力量不足。一般在青春期中后期时肌肉不断增粗，才变得更加有力，有利于发展力量素质。

循环系统

儿童时期的心脏容积较小，进入青春期时心脏功能迅速发育，在 18 岁时心脏容积可接近成人水平。随着年龄的增长，心肌纤维不断增多、增粗，收缩能力增强，有助于促进血液循环，能够输送更多的氧气和营养供给身体生长发育。在青春期快速发育时，有的青少年会出现"青春期高血压"现象，需要引起家长们的注意。随着身体机能的快速发育，心脏的泵血能力也逐渐增强，但由于血管发育水平慢于心脏功能的发展，会出现血压偏高的现象，这就是"青春期高血压"。

呼吸系统

青少年时期，随着体格的生长，鼻腔容积扩大，呼吸道也生长得更粗、更长，呼吸更为顺畅。由于一次吸入的空气量增多，呼吸频率减慢。进入青春期后，肺的生长发育也较快，肺泡数量增多、体积增大，使得肺容量逐渐增大，加上呼吸肌更加有力，青少年的肺活量明显上升。在运动时，身体需要更多的氧气来产生能量，呼吸肌不断地收缩和舒张，使呼吸功能得到加强，进而增加肺活量，促进肺泡的发育。

神经系统

在青少年时期，大脑皮层的结构和功能进一步发展，神经元增多，神经系统之间以及神经系统与其他系统之间的联系增多，能够处理较为复杂的工作，逻辑思维、判断和推理等能力增强，这使得神经系统对肌肉活动的调节更加迅速和精准，可以完成更加复杂的运动动作。但青少年时期的神经系统仍然呈现出兴奋性强而抑制性弱的特点，这意味着青少年学习运动技能较快，但保持时间短，需要不断重复练习，强化记忆。

1.4　运动健身对生长发育的积极意义

生命在于运动，运动需要科学。适度的运动健身是促进青少年身心生长发育的重要因素。运动时可以激活全身的人体系统，促进物质的分解代谢；运动后身体会迅速吸收摄入的营养物质，加快身休所需物质的合成代谢，有助于身体的生长发育。以下是运动健身对生长发育的积极意义。

运动健身促进体格发育

规律地运动健身对人体的内分泌系统有调节作用，在青春期时使生长激素分泌更加旺盛，进而促进青少年的体格发育。合理地运动健身能够促进血液循环，可以将充足的营养输送到骨骼，为骨骼的生长提供充足的原料；同时，适宜的运动强度也会刺激骨骼中软骨细胞的分化，加快骨骼的生长。骨骼的粗壮来自于骨量的积累，而骨量的增长和维持都需要有一定的运动刺激。运动可以给骨骼施加一定的压力，能够引起骨骼的重塑，在增加骨量的同时使骨质更坚实。

运动健身增强心肺功能

运动健身可以使心肌收缩更加有力，心脏跳动一次能够输出更多血液，从而提高对全身供血的能力。同时，运动健身也会增强血管弹性，使血液循环更加顺畅，能够将充足的氧气和营养输送到全身的组织和器官。身体在运动时耗氧量增多，随着呼吸功能加强可提高肺的通气量，使血液能够结合更多的氧气。运动时呼吸频率加快，可使呼吸肌更加发达，增强呼吸功能，同时能促进肺组织的生长发育，提高肺功能。

运动健身促进大脑发育

经常进行运动健身可以使大脑的额叶、枕叶等得到良好的刺激，使大脑在结构和功能上不断得到完善。在结构上，运动可使发育中的大脑皮层增厚，使不同脑区的沟回面积增大，有利于复杂逻辑思维能力的形成。在功能上，运动使神经系统更加活跃，加强了神经元之间的联系，可促进记忆力和注意力的提升，同时可使大脑在处理复杂任务时的执行功能增强，减少错误。此外，运动在促进血液循环的同时会将更多的氧气和能量送到大脑，使大脑时刻保持旺盛的精力。

运动健身提升身体素质

运动健身能够促进骨量的积累，增强骨密度，进而提升骨骼的承压能力；同时可使肌肉更加粗壮，肌肉的收缩力量和耐力明显增强，促进青少年力量和耐力素质的提升。运动健身还能加强关节周围的肌肉力量，增厚肌肉两端的韧带，进而提高关节牢固性和灵活性，有利于柔韧素质的提升。运动健身使大脑的信息处理能力提高，反应速度加快，同时加强了神经和肌肉之间的联系，使人体的动作反应速度更快，动作也更协调，有利于提升灵敏和协调素质。

运动健身改善身体成分

随着生活水平的提高以及生活方式的转变，一些青少年吃得多而动得少，导致过多的能量无法被消耗，最终形成肥胖；还有一些青少年不注意营养摄入，尤其在生长突增期时营养供应不足，导致身材过于消瘦。通过参加有氧运动，可以有效消耗多余的能量，减少脂肪堆积，将体脂率控制在适宜范围内。进行适度的力量训练，可促进肌肉生长，增加瘦体重的比例，使身材更加匀称。

运动健身缓解学习压力

青少年时期的孩子们正处于初中和高中阶段，学业繁重。运动是调节学习状态和精神状态的有效手段。运动健身可以促进血液循环，给大脑供应充足的氧气和能量，使神经系统更加活跃，提升大脑的工作能力和工作状态，有助于缓解神经紧张状态。适度的运动还能促使大脑分泌内啡肽、血清素和多巴胺等激素，它们是情绪的调节剂，可以使大脑产生积极、愉悦的情感，有助于调节青少年在紧张学习中的精神状态，在缓解学习压力的同时还能提高学习效率。

运动健身培养健全心理

青少年活泼好动，注意力难以集中，情绪的控制能力和稳定性差，易因受外界干扰而产生心理波动。经常参加一些运动项目可以丰富青少年的生活内容，使他们享受到更多的运动乐趣；尤其是参与一些竞技类项目，可以让青少年形成坚韧的意志，消除自卑心理；通过参加体育比赛，还能培养正确面对输赢的心态，提高抗压力能力；在一些集体性项目中，还能增强团队意识，促进社会适应能力的提升。

1.5 青少年身体素质发展特点

身体素质是人体在各种活动（包括运动）中，通过神经系统的调节，身体各个器官和系统功能的综合表现，主要包括力量、速度、耐力、柔韧和灵敏协调等方面。身体素质的强弱是衡量体质健康水平的重要标准之一，通过参加科学的体育锻炼，可以全面提高青少年的身体素质。以下是青少年身体素质在力量、速度、耐力、柔韧和灵敏素质、协调素质方面的发展特点。

力量素质

力量素质并不是简单指力量的大小，它反映的是肌肉在收缩和舒张过程中克服外界阻力的能力，是人体身体活动的基本要素。力量素质发展的敏感期是：女孩 11 ~ 15 岁，男孩 12 ~ 16 岁。进入青春期后，雄激素开始大量分泌，男孩的力量增长突飞猛进，19 岁左右时可以达到峰值。女孩在 11 ~ 13 岁时力量素质发展较快，在 15 岁时力量素质达到高峰。青少年的力量相对偏弱，在力量练习时应采用负荷较低、动作速度较快的练习，或采用中等负荷的练习。青少年尤其要注意发展速度力量练习，使神经系统可以在单位时间内动员更多的肌肉，并能改善肌肉的协调性。

速度素质

速度素质是指人体能够快速反应并能迅速移动的能力，主要分为：反应速度（肢体对外界信号刺激做出反应的速度）、动作速度（身体完成特定动作的速度）和位移速度（单位时间内人体所通过的距离）。速度素质的发展时间较早，通常来说，反应速度的发展敏感期是 6 ~ 12 岁，其中在 9 ~ 12 岁时显著加快，其增长高峰在 12 岁左右，在该年龄段时进行针对性的锻炼有利于发展反应速度。9 ~ 13 岁是动作速度和位移速度的快速提升期，也是协调性发展的最佳时期，合理的体育锻炼可以使二者相互促进、协同提高。

耐力素质

耐力素质代表的是肌肉持续工作的能力，男孩发展耐力素质的适宜年龄为 10 ~ 17 岁，女孩为 9 ~ 14 岁和 16 ~ 17 岁。有氧耐力和无氧耐力是耐力素质的两个重要方面。一般来说，男孩在 10 ~ 15 岁、女孩在 9 ~ 14 岁时应以发展有氧耐力为主，此时期人体的无氧供能系统尚不完善，无法完成高强度的耐力训练。无氧耐力水平与肌肉力量的发展程度有关，通常在 15 岁左右时才适宜安排无氧耐力训练，且训练方案应遵循运动量小、次数多的原则。耐力素质的发展需要身体各系统的充分协调配合才能达到较好水平。因此，一个全面的身体素质练习方案中一定要加入耐力训练，但训练强度的增加要循序渐进。

柔韧素质

儿童时期是发展柔韧素质的敏感期，与成人相比，儿童关节面的角度大、关节面软骨厚、关节内外的韧带相对松弛。通过科学的锻炼，男孩在 19 岁左右时的柔韧性最好，而女孩的柔韧性则是在 20 岁时达到最大值，之后便趋于稳定或有所下降，但只要坚持锻炼，已获得的柔韧能力可以得到较长时间的保持。在练习柔韧性之前一定要做好热身活动，且需要严格控制练习负荷，防止肌肉拉伤。

灵敏素质

简单说，灵敏素质就是人体对外界刺激能够快速进行判断并且做出相应反应的能力。儿童阶段是发展灵敏素质的最佳时期，通常在 5 ~ 6 岁时灵敏素质就有了明显发展，在 7 ~ 10 岁阶段发展速度最快，在 10 ~ 12 岁时就会达到较为稳定的状态。在儿童时期，灵敏素质的性别差异不大，但随着青春期的到来，男孩的优势逐渐显现出来，因而在儿童时期，应更加重视对女孩进行灵敏素质的训练。

协调素质

协调素质是通过神经系统、运动系统以及感知觉系统的协调工作来完成特定动作的能力，它是学习和掌握运动技能的基础。儿童时期是发展协调素质的关键时期，此时尤其要注意掌握正确的基本运动动作，建立发展协调素质的基础。随着协调性的提高，平衡能力、反应能力等都会有所提升，在运动中可以迅速在神经和肌肉之间建立条件反射，有利于动作的学习和掌握。

第2章

青少年居家健身前的热身活动

正确热身是居家锻炼前不容忽视的环节。不进行热身活动或者错误地热身，不仅不能让青少年获得理想的居家锻炼效果，反而可能会导致运动损伤。因此，了解热身活动的意义，学会科学的热身方法至关重要。

2.1 什么是热身活动

热身活动又称为准备活动，旨在通过做一些动作简单、强度较低的运动激活身体各系统的功能能力，使身体得到预热，为接下来的正式训练做好身体及心理上的准备。

2.2 热身活动的意义

热身活动能够增强人体的生理活性，加快物质代谢，产生热量，使身体温度上升，进而降低肌纤维粘滞性，在一定程度上加快肌肉的收缩速度。

热身活动能够促进血液循环，以运送更多氧气和营养物质到全身各处，尤其是供给肌肉充足的氧气，提高能量代谢效率。

热身活动能够提高神经系统兴奋性，加强肌肉兴奋——收缩偶联作用，提高神经肌肉运动单位的激活频率和数量，使肌肉收缩更有力量；同时能够活动关节及包裹关节的韧带，防止运动损伤。

热身活动还能使人在心理上做好运动的准备，提高对运动的专注度，对运动能力的发挥有积极的促进作用。

2.3 热身活动的注意事项

充分的热身活动是顺利完成训练方案的前提条件，有助于获得更理想的训练效果。在热身活动中应当遵循安全性、舒适性、丰富性和渐进性的原则。

安全性

热身活动之前要注意检查周围是否有妨碍运动的物品，以及自身穿戴是否适合运动。要掌握正确的热身方法，避免不当的热身导致运动损伤，同时要充分激活身体机能，为运动做好准备。

舒适性

热身活动的强度不宜过高，中低强度即可，以感到心率和呼吸明显加快、身体微微出汗为宜。热身时间也不宜过长，如果是进行中等强度的居家健身，热身3～5分钟即可。

丰富性

热身活动不是简单的跑、跳，而是需要通过多样的热身动作激活全身主要的肌肉群。热身活动应该以动态动作为主，单纯的静态拉伸动作不能满足热身需求。

渐进性

虽然热身活动的整体强度较低，但也不能一开始就进行大幅度的身体运动，要按照循序渐进的原则，逐渐提高热身活动强度和运动幅度。

2.4 热身练习

热身 | **原地军步走**

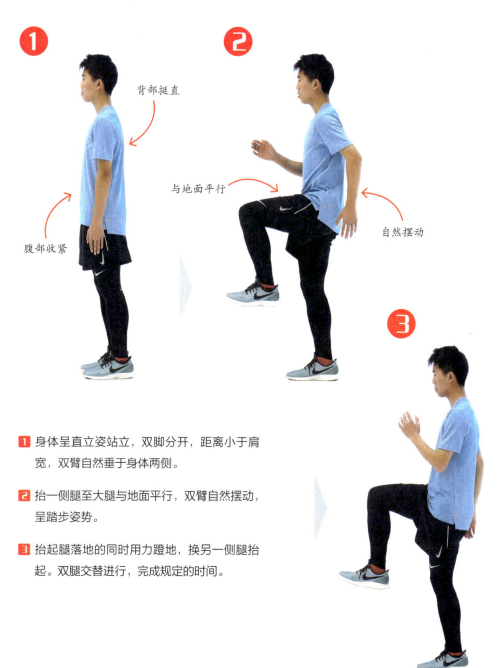

① 身体呈直立姿站立，双脚分开，距离小于肩宽，双臂自然垂于身体两侧。

② 抬一侧腿至大腿与地面平行，双臂自然摆动，呈踏步姿势。

③ 抬起腿落地的同时用力蹬地，换另一侧腿抬起。双腿交替进行，完成规定的时间。

热身 ｜原地垫步跳

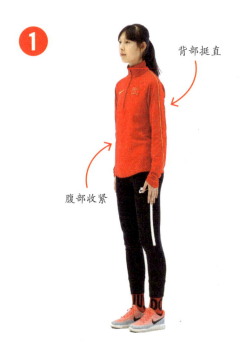

背部挺直

腹部收紧

扫描二维码
看动作视频

1 身体呈直立姿站立，双脚分开，距离小于肩宽，双臂自然垂于身体两侧。

2 抬一侧腿至大腿与地面平行，双臂自然摆动。

3 抬起腿落地的同时用力蹬地，在前脚掌接触地面的瞬间，快速做一个原地垫步跳，同时另一侧腿抬起至大腿与地面接近平行。双腿交替进行，完成规定的时间。

自然摆动

与地面平行

原地垫步跳

热身 | 横向垫步跳

背部挺直

腹部收紧

扫描二维码
看动作视频

1. 身体呈直立姿站立，双脚分开，距离小于肩宽，双臂自然垂于身体两侧。

2. 抬一侧腿至大腿与地面平行，双臂自然摆动。

3. 支撑腿向脚外侧蹬地发力，抬起腿向外侧展髋，在前脚掌接触地面的瞬间，快速做一个垫步跳，同时重心也向展髋侧移动，换另一侧腿抬起至大腿与地面平行。双腿交替进行，横向移动，完成规定的时间。

自然摆动

与地面平行

热身 ｜ 抱膝前进

1 身体呈直立姿站立，双脚距离与肩同宽。左膝抬至胸前，双手抱膝向上提拉，左脚脚尖勾起。右脚脚后跟跷起，收紧支撑腿一侧的臀大肌；保持背部挺直，拉伸动作持续1～2秒。

2 向前迈左腿，换右侧腿重复上述动作。双腿交替进行，完成规定的次数。

扫描二维码
看动作视频

背部挺直

脚尖勾起

臀大肌收紧

热身 | 屈髋外展跳

扫描二维码
看动作视频

1 身体呈直立姿站立，双脚分开，距离略窄于肩，双手
叉腰。

2~3 双脚跳动，同时抬一侧腿屈髋屈膝并向外侧展髋。
接着抬起腿落地跳动的同时，换另一侧完成该动作。
双腿交替进行，完成规定的次数。

屈膝

展髋

热身 | 向后弓步旋转

背部挺直

与地面基本
保持平行

扫描二维码
看动作视频

1 身体呈直立姿站立，右脚向后跨步，呈弓步
分腿蹲姿势，前脚掌撑地，左腿大腿与地面
基本保持平行。

2 左臂前平举，左手掌心朝右；右臂贴于身侧，
右手置于腰腹部。

3 躯干慢慢向左侧旋转至最大幅度，同时左臂
随躯干向身体后方外展。目视左手，拉伸动
作持续1～2秒。恢复起始姿势，换至对侧，
交替进行，完成规定的次数。

置于腰腹部

目视左手

热身 | 后交叉弓步

前平举

腹部收紧

扫描二维码
看动作视频

1 身体呈直立姿站立，双脚距离与肩同宽，腹部收紧，背部挺直，双臂前平举。

2 右腿后撤一步置于左腿后方约45度位置，双腿呈交叉站立姿势，然后深蹲至感受到左腿外侧肌肉有中等强度的拉伸感，拉伸动作持续1～2秒。

3 恢复起始姿势，换至对侧，交替进行，完成规定的次数。

这里有拉伸感

这里有拉伸感

第3章

青少年居家健身练习

热身之后，即可进入正式的居家锻炼。本章提供了适合青少年居家进行的力量素质练习、心肺耐力练习、柔韧素质练习和灵敏协调练习，不需要任何特殊器械即可进行。

3.1 力量素质练习

目标肌群
肱三头肌

力量 | 俯身臂屈伸

1 双脚打开，与肩同宽站立，双手各握一只哑铃（可以用矿泉水瓶代替）。微屈膝，向前俯身，至上身接近与地面平行。屈臂，将哑铃拉至身体两侧，且肘关节紧贴身体。

2 上臂贴紧身体，向后抬起前臂，至双臂完全伸直。停留一下，回到起始姿势，完成规定的次数。

扫描二维码
看动作视频

前臂向后摆动

力量 | 俯卧撑

1 身体呈四点支撑的俯撑姿势（双手和双脚脚尖
着地），双臂伸直，保持身体在一条直线上。

2 屈肘，使身体下落至胸部几乎碰到地面，上臂
与躯干约呈45度。 快速推起身体，回到起始
姿势，完成规定的次数。

目标肌群
胸大肌
三角肌前束
肱三头肌
核心肌群

扫描二维码
看动作视频

呈一条直线

腹部收紧

下落至几乎碰到地面

29

力量 | 俯卧撑 T 字

目标肌群
胸大肌
三角肌前束
肱三头肌
前锯肌
腹直肌
腹横肌
腹内外斜肌
股四头肌

呈一条直线

腹部收紧

扫描二维码
看动作视频

下落至几乎碰到地面

1 身体呈四点支撑的俯撑姿势（双手和双脚脚尖着地），双臂伸直，
保持身体在一条直线上。

2 屈肘，使身体下落至胸部几乎碰到地面，上臂与躯干约呈45度。

3 快速推起身体，一侧手撑地，另一侧手臂向上打开，至双臂约呈一
条直线，并尽量使其垂直于地面。放下抬起的手臂，回到起始姿
势，换至对侧进行，完成规定的次数。

双臂约呈一条直线

力量 | 平板支撑

目标肌群
核心肌群
肩部肌群

身体呈四点支撑的俯撑姿势（双手和双脚脚尖着地），保持双手位于肩部的下方，距离与肩同宽，双臂伸直。双脚脚尖触地支撑。整个动作过程中保持背部挺直，腹部收紧。保持动作至规定的时间。

背部挺直

腹部收紧

力量 | 平板支撑对侧上举

目标肌群
核心肌群
肩部肌肉
臀大肌
股四头肌

1 身体呈四点支撑的俯撑姿势（双手和双脚脚尖着地），保持双手位于肩部下方，距离与肩同宽，双臂伸直。双脚脚尖触地支撑。

2 抬一侧手臂沿耳朵向前伸直，至大约与地面平行，同时向上抬对侧腿。保持动作1～2秒，回到起始姿势，换至对侧，交替进行，完成规定的次数。

扫描二维码
看动作视频

背部挺直

腹部收紧

向上抬对侧腿

大约与地面平行

力量 | 平板支撑动态前屈髋

目标肌群
核心肌群
肩部肌肉
股四头肌
髂腰肌

1 身体呈四点支撑的俯撑姿势（双手和双脚脚尖着地），保持双手位于肩部下方，距离与肩同宽，双臂伸直。双脚脚尖触地支撑。

2 一侧腿屈髋屈膝至膝部靠近该侧手臂，然后向后回到起始姿势。换至对侧进行，完成规定的次数。

扫描二维码
看动作视频

1

背部挺直

腹部收紧

2

靠近手臂

力量 | 仰卧倒踩俄罗斯单车

目标肌群
腹直肌
腹横肌
髂腰肌

1 身体呈仰卧姿势，双臂伸直自然放于身体两侧，双腿屈膝，双脚着地。

2 屈髋抬起双腿约与地面呈45度，一侧腿屈髋屈膝，使大腿靠向腹部。

3 屈膝腿蹬直回到与地面呈45度的位置，同时另一侧腿屈髋屈膝，使大腿靠向腹部。双腿交替进行动作，完成规定的次数或时间。

扫描二维码
看动作视频

右大腿靠向腹部

约45度

左大腿靠向腹部

约45度

力量 | 仰卧转腹对侧肘碰膝

目标肌群
腹直肌
腹横肌
腹内外斜肌

扫描二维码
看动作视频

1 身体呈仰卧姿势，整个背部着地，双手交叉枕于头下。一侧腿屈膝约呈90度，脚着地。另一侧腿屈膝，将脚搭在支撑腿的膝部上方。

2 抬起颈部的同时屈髋卷腹，使整个背部离开地面。同时躯干向非支撑腿侧转体，至支撑腿侧手肘碰触到非支撑腿的膝部。回到起始姿势，重复以上步骤，完成规定的次数，对侧亦然。

❶

腹部收紧

❷

肘部触碰对侧膝部

力量 ｜ 俯卧抬上身

目标肌群
竖脊肌
斜方肌
菱形肌
臀大肌
肩部肌群

1 身体呈俯卧姿势，双臂向两侧斜前方伸直，呈"丫"字形，
双手掌心朝下，双腿伸直。

2 后背部发力将双臂和肩部抬离地面。回到起始姿势，完成规
定的次数。

扫描二维码
看动作视频

①

"Y"字形

双腿伸直

②

双臂和肩部抬离地面

臀部收紧

力量 ｜ 标准静态臀桥

目标肌群
核心肌群
臀大肌
腘绳肌

扫描二维码
看动作视频

身体呈仰卧姿，双腿屈膝，脚尖勾起，脚跟着地。双手放在身体两侧，自然摆放。腹部和臀部收紧，抬起髋部至躯干与大腿在一条直线上。保持动作至规定的时间。

呈一条直线

腹部收紧

脚尖勾起

臀部收紧

力量 │ 侧卧直膝髋外展

目标肌群
髋部外展肌

1 身体呈侧卧姿，触地侧手臂弯曲且置于头部下方，非触地侧手扶住髋关节外侧，双腿伸直，双脚并拢，脚尖勾起。

2 腹部和臀部收紧，髋部外侧肌群发力使非触地侧的腿抬起，并保持 1 ~ 2 秒。回到起始姿势，完成规定的次数，对侧亦然。

扫描二维码
看动作视频

脚尖勾起

臀部收紧

腹部收紧

力量 | 徒手蹲

目标肌群
股四头肌
臀大肌
腘绳肌
核心肌群

扫描二维码
看动作视频

背部挺直

腹部收紧

1️⃣ 身体呈直立姿站立，双脚分开，挺胸收腹，下颌微收，双手自然垂于身体两侧。

2️⃣ 屈髋屈膝下蹲，至大腿与地面约呈45度，同时双臂伸直前伸做前平举，膝关节尽量不要超过脚尖。回到起始姿势，完成规定的次数。

膝关节尽量
不超过脚尖

多角度图

双臂前平举

力量｜相扑式徒手蹲

目标肌群
股四头肌
臀大肌
腘绳肌
核心肌群

1 身体呈直立姿站立，双脚分开，距离大于肩宽，脚尖向外约30度，挺胸收腹，下颌微收，双手自然垂于身体两侧。

2 屈髋屈膝做完全下蹲，然后快速站起，回到起始姿势，完成规定的次数。

扫描二维码
看动作视频

① 背部挺直

腹部收紧

② 屈髋屈膝下蹲

力量 | 单腿徒手蹲

目标肌群
股四头肌
臀大肌
腘绳肌
小腿三头肌

1 身体呈直立姿单腿站立，挺胸收腹，下颌微收，双手自然垂于身体两侧。

2 保持背部挺直，支撑腿屈髋屈膝下蹲，至大腿与地面大致平行，同时双臂伸直前伸做前平举。回到起始姿势，重复以上步骤，完成规定的次数。

扫描二维码
看动作视频

力量 | 婴儿爬行

目标肌群
肩部肌群
髋部肌群

扫描二维码
看动作视频

1 俯身屈髋屈膝，呈双手双膝跪姿，双臂伸直，双手触地支撑。保持双膝位于髋部正下方。

2 保持背部挺直，腹部收紧，抬对侧的手和腿向前移动。

3 换另一侧重复动作。两侧交替进行，完成规定的时间。

双膝位于髋部
正下方

力量 | 横向桌式爬行

目标肌群
肩部肌群
髋部肌群
腹肌

扫描二维码
看动作视频

双膝离地

1 俯身屈髋屈膝，呈双手和双脚触地支撑姿势，双臂伸直。保持双膝位于髋部正下方，并保持双膝离地。

2 保持腹部收紧，抬同侧的手和腿向一侧移动。

3 换另一侧的手和腿完成步骤2，完成规定的时间。

力量 | 纵向桌式爬行

目标肌群
肩部肌群
髋部肌群
腹肌

扫描二维码
看动作视频

双膝离地

1 俯身屈髋屈膝，呈双手和双脚触地支撑姿势，双臂伸直，双手触地支撑。双腿屈髋屈膝，保持双膝位于髋部下方，并保持双膝离地。

2 保持腹部收紧，抬对侧的手和腿向前移动。

3 接着换另一侧。两侧交替进行，完成规定的时间。

向前移动

向前移动

力量 | 旋转桌式爬行

目标肌群
肩部肌群
髋部肌群
腹肌

扫描二维码
看动作视频

1 俯身屈髋屈膝，呈双手和双脚触地支撑姿势，双臂伸直。保持双膝位于髋部下方，并保持双膝离地。将一药球（也可以使用其他玩具球）置于双手前方。

2 保持腹部收紧，抬同侧的手和腿向一侧移动，接着抬另一侧的手和腿跟上。

3 ~ **7** 使身体呈逆时针（或顺时针）绕球移动。重复以上步骤，完成规定的时间。

① 双膝离地

② 向前移动 向前移动

③

3.2 心肺耐力练习

心肺耐力 ｜ 2英寸 * 碎步跑

扫描二维码
看动作视频

1 身体呈运动姿站立，双脚距离略比肩宽，手臂呈前后摆臂状，微屈髋屈膝，重心位于前脚掌。

2 保持背部挺直，以最快的频率进行碎步运动，同时缓慢向前移动。手臂始终保持较慢的摆臂频率。

3 控制脚步节奏由慢变快，至最快速度，并尽可能保持几秒再减速，尽可能保持上下肢的协调性，完成规定的时间。碎步移动结束后可以继续向前跑动进行放松。

手臂摆动频率
保持慢速

重心位于前脚掌

脚步节奏由慢变快，
至最快速度

*注：2英寸约等于5厘米。

心肺耐力 | 双脚左右跳

重心位于前脚掌

扫描二维码
看动作视频

1 身体呈运动姿站立，双脚间距与肩同宽，双臂微屈收于身体两侧，微屈髋屈膝，重心位于前脚掌。

2 保持背部挺直，腹部收紧，有节奏且连续地向左、向右快速小跳。

3 保持重心稳定，双脚前脚掌着地后再次迅速跳起。控制节奏由慢变快，至最快速度，并尽可能保持几秒再减速。完成规定的次数或时间。跳跃结束后可以继续向前跑动进行放松。

腹部收紧

脚步节奏由慢变快，
至最快速度

心肺耐力 | 双脚前后交替跳

背部挺直

扫描二维码
看动作视频

1 身体呈运动姿站立，双脚距离与肩同宽。背部挺直，微屈髋屈膝。

2 有节奏且连续地前后交替跳，同时双臂自然摆动。

3 以最快的速度重复跳跃，完成规定的时间。

双臂自然摆动

以最快的速度
重复跳跃

心肺耐力 | 开合跳

1 身体呈直立姿站立，双腿分开，距离小于肩宽。双臂伸直自然放于身体两侧，目视前方。

2 双腿蹬地发力向上跳起，双臂伸直向头顶上方打开至双手轻轻触碰，同时双腿打开。下落的同时，双臂下摆，双脚靠拢。完成规定的次数或规定的时间。

扫描二维码
看动作视频

双手轻轻触碰

腹部收紧

向上跳起

心肺耐力 | 波比

1 身体呈直立姿站立，双臂伸直自然放于身体两侧，目视前方。

2 屈髋屈膝向下俯身，双手在肩部正下方触地。

3 双臂伸直，双手触地支撑，伸髋伸膝，双脚同时向后跳至头部、躯干和双腿在一条直线上。

4 接着屈髋屈膝，双脚跳回，呈下蹲姿势。

5 起身跳起，同时双臂向上伸展至在头顶上方并轻轻触碰。

6 回到起始姿势，重复以上步骤，完成规定的次数。

扫描二维码
看动作视频

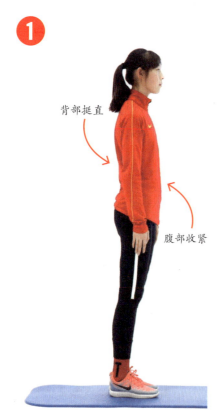

背部挺直

腹部收紧

双手触地

❸

呈一条直线

双臂伸直

❹

双脚跳回

❺ 双臂在头上方伸展

❻

起身跳起

心肺耐力 | 对侧肘碰膝垫步跳

腹部收紧

扫描二维码
看动作视频

1 身体呈直立姿站立，双脚分开，距离略窄于肩，双臂自然垂于身体两侧。

2 双脚跳动，抬一侧腿屈髋屈膝，同时用对侧手肘碰触抬起腿的膝部。上体尽量不要弯曲。

3 抬起腿落地的同时用力蹬地，在前脚掌接触地面的瞬间，快速做一个原地垫步跳，同时换另一侧腿抬起并用对侧手肘触碰膝部。双腿交替进行，完成规定的次数。

肘部碰触
对侧膝部

多角度图

心肺耐力 | 振臂跳

1 身体呈直立姿站立，双脚分开，距离略窄于肩，双臂自然垂于身体两侧。

2 双脚跳动，抬一侧腿屈髋屈膝，至大腿与地面接近平行或高于水平面，同时对侧手臂伸直上举过头顶。

3 抬起腿落地跳动的同时，换另一侧完成该动作。双腿交替进行，完成规定的次数。

扫描二维码
看动作视频

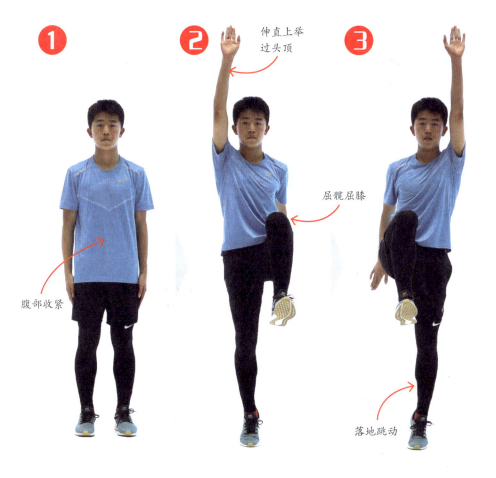

伸直上举
过头顶

屈髋屈膝

腹部收紧

落地跳动

心肺耐力 | 运动姿快速转髋

1 身体呈运动姿站立，双脚距离与肩同宽，双臂屈肘收于身体两侧，微屈髋屈膝。

2 一侧腿快速向外侧蹬地发力，同时向另一侧转髋。运动过程中尽量保持肩部朝前。回到起始姿势，换对侧进行，完成规定的次数。

扫描二维码
看动作视频

腹部收紧

尽量保持
肩部朝前

转髋

3.3 柔韧素质练习

柔韧 | **三角肌前束主动拉伸**

目标肌群
三角肌前束

扫描二维码
看动作视频

1 身体呈直立姿站立，双脚距离小于肩宽，腹部收紧，挺胸抬头，双手交叉置于臀部后方，目视前方。

2 躯干不动，双臂于身体后侧向上举起，直至三角肌前束有中等程度的拉伸感。保持拉伸动作，直至达到规定的时间。

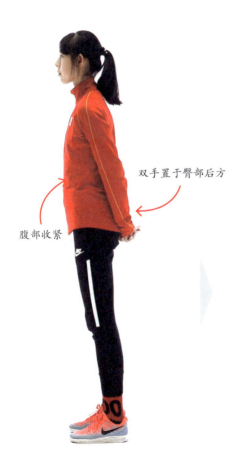

腹部收紧

双手置于臀部后方

向上举起

柔韧 | 腕部屈肌和伸肌被动拉伸

目标肌群
腕部屈肌
腕部伸肌

扫描二维码
看动作视频

1 身体呈直立姿站立，双脚距离与肩同宽，腹部收紧，挺胸抬头，目视前方。

2 双臂前平举，左手抓住右手的手指，右手手指朝下、掌心朝内，左手向身体方向拉动右手手指，直至腕部伸肌有中等程度的拉伸感，保持拉伸动作10 ～ 15秒。

3 右手手指朝上、掌心朝外，左手抓住右手手指向身体方向拉动，直至腕部屈肌有中等程度的拉伸感，保持拉伸动作10 ～ 15秒。对侧亦然，完成规定的次数。

柔韧 | 肱三头肌被动拉伸

目标肌群
肱三头肌

1　身体呈直立姿站立，双脚距离与肩同宽，腹部收紧，挺胸抬头，目视前方。

2　右臂屈肘上举过头顶，左手托住右肘外侧。

3　左手向后推动右肘，直至右臂肱三头肌有中等程度的拉伸感。保持拉伸动作，直至达到规定的时间，对侧亦然。

扫描二维码
看动作视频

向后推动右肘

腹部收紧

左手托住
右肘外侧

柔韧 | 动态侧向伸展

目标肌群
背阔肌
两侧躯干屈肌

1 身体呈直立姿站立，双脚距离略比肩宽，腹部收紧，挺胸抬头，目视前方。

2 右臂伸过头顶后向左侧倾斜，同时躯干向左侧屈，右手掌心朝下，直至目标肌群有中等程度的拉伸感。恢复起始姿势，换至对侧，双臂交替进行，完成规定的次数。

扫描二维码
看动作视频

腹部收紧

躯干侧屈

柔韧 | 三角式

目标肌群
内收肌
胸腰椎回旋肌
躯干伸肌

1 身体呈直立姿站立，双脚分开，双腿伸直，左脚脚尖朝前，右脚脚尖朝右；躯干转体90度，双臂侧平举，目视转体方向。

2 双臂不动，身体向左侧倾斜，直至左手触及左脚脚背，目标肌群有中等程度的拉伸感；同时右臂伸直指向天空，目视右手方向。保持拉伸动作，直至达到规定的时间，对侧亦然。

扫描二维码
看动作视频

① 侧平举

脚尖朝右　　脚尖朝前

② 手臂向上伸直

手触及脚背

柔韧 | 跪撑胸椎旋转

目标肌群
胸肌
背阔肌
肩部肌群

1 身体呈俯身跪姿，双臂伸直，双手撑地，指尖朝前；背部挺直，与地面基本平行，目视双手方向。

2 左手抬起置于左耳侧，下肢与髋关节保持稳定，为头部与躯干右转做好准备。

3 以胸椎为轴，头部与躯干向右侧旋转。

4 头部与躯干向左侧旋转，直至躯干前部有中等程度的拉伸感；同时目视左上方，拉伸动作持续2秒左右。恢复起始姿势，换至对侧，交替进行，完成规定的次数。

扫描二维码
看动作视频

1 背部挺直，与地面基本平行

2 左手置于左耳侧　　髋关节保持稳定

向右旋转

目视左上方

柔韧 ┃ 跪撑胸椎旋转单腿伸直

目标肌群
背阔肌
胸肌
肩部肌群

1 身体呈俯身跪姿，双臂伸直，双手撑地，指尖朝前；背部挺直，与地面基本平行，目视双手方向。

2 左臂屈肘，左手抬起置于左耳侧；同时右腿抬起向后伸直，头部、背部和右腿尽量呈一条直线。

3 下肢与髋关节保持稳定，以胸椎为轴，头部与躯干向右侧旋转。

4 头部与躯干向左侧旋转，目视左上方，直至躯干前部有中等程度的拉伸感，拉伸动作持续2秒左右。恢复起始姿势，换至对侧，双臂、双腿交替直至完成规定的次数。

扫描二维码
看动作视频

背部挺直，与地面基本平行

❶

❷

髋关节保持稳定

向右旋转

目视左上方

柔韧 | 动态眼镜蛇式

目标肌群
腹肌

1 身体呈俯卧姿，双臂屈肘置于胸部两侧，双手与前臂支撑躯干，目视前方。

2 下肢不动，双臂伸直，将上身推离地面，直至腹肌有中等程度的拉伸感。恢复起始姿势，完成规定的次数。

扫描二维码
看动作视频

支撑躯干

腹部有拉伸感

柔韧 | 弓式

目标肌群
腹肌
三角肌
髋部屈肌

1 身体呈俯卧姿，双腿后伸，双手抓住同侧脚脚背或脚踝，目视地面。

2 头部后仰、躯干后仰呈弓形；同时双手向上拉动脚背或脚踝使双膝离地，直至目标肌群有中等程度的拉伸感。保持拉伸动作，直至达到规定的时间。

扫描二维码
看动作视频

❶

双手抓住脚背

❷

头部后仰

双膝离地

柔韧 | 股四头肌行进拉伸

1 身体直立，腹部收紧，抬头挺胸，目视前方。

2 右脚向前迈一小步，左腿向后屈膝，左手抓住左脚脚背或脚踝将其拉向臀部；同时右臂上举，右脚脚尖踮起，左手用力拉伸左腿股四头肌，拉伸动作持续1到2秒。恢复起始姿势，换至对侧进行，完成规定的次数。

扫描二维码
看动作视频

手臂上举

手抓住脚背，
拉向臀部

背部挺直

腹部收紧

踮脚尖

柔韧 │ 单腿屈髋

1 左脚在前、右脚在后站立；左脚脚后跟撑地，左腿尽量伸直；右腿屈膝支撑身体，双手置于右腿膝关节上方，目视前方。

2 腿部不动，躯干前倾直至腘绳肌有中等程度的拉伸感，目视左脚方向。保持拉伸动作，直至达到规定的时间，对侧亦然。

扫描二维码
看动作视频

躯干前倾

尽量伸直

脚后跟撑地

柔韧 | 最伟大拉伸

目标肌群
腹股沟
髋部屈肌
腘绳肌
腓肠肌
臀大肌

扫描二维码
看动作视频

1 身体直立，双脚间距小于肩宽，腹部收紧，挺胸抬头，目视前方。

2 右脚向前迈步，呈右弓步；左腿伸直，左脚前脚掌撑地。

3 腿部不动，俯身，左手手掌撑地，右肘置于右脚内侧，拉伸动作持续1到2秒。

4 右臂从右腿内侧向上外展，目视右手，双臂大致呈一条直线，拉伸动作持续1到2秒。

5 右臂收回，双手置于前脚两侧；右腿伸直，脚后跟撑地，脚尖勾起，左腿始终保持伸直，拉伸动作持续1到2秒。

6 右腿屈膝向前，背部与地面基本平行。

7 恢复起始姿势，换至对侧，双腿交替进行，完成规定的次数。

背部挺直

腹部收紧

左腿伸直

置于右脚内侧

双臂大致呈一条直线

右腿伸直

背部与地面基本平行

右腿屈膝

柔韧 ｜ 小腿比目鱼肌拉伸

目标肌群
比目鱼肌

1 身体呈俯手撑姿，双臂伸直、双手撑地；左腿伸直，左脚脚后跟微微抬起，右腿微屈，右脚置于左腿小腿后侧上；臀部拱起，使躯干与左腿呈90度。

2 始终保持双手与左脚前脚掌撑地，左腿缓慢屈膝，直至左腿比目鱼肌有中等程度的拉伸感，拉伸动作持续2秒左右。恢复起始姿势，每侧完成规定次数，对侧亦然。

扫描二维码
看动作视频

左腿伸直

置于左腿小腿后侧上

右腿微屈

左腿缓慢屈膝

柔韧 | 小腿腓肠肌拉伸

目标肌群
腓肠肌

1 身体呈俯手撑姿，双臂伸直、双手撑地；左腿伸直，左脚前脚掌撑地，右腿微屈，右脚置于左腿小腿后侧上。

2 始终保持双手与左脚前脚掌撑地，臀部缓慢向上拱起，至躯干与左腿呈90度且左腿腓肠肌有中等程度的拉伸感，拉伸动作持续2秒左右。恢复起始姿势，每侧完成规定次数，对侧亦然。

扫描二维码
看动作视频

左腿伸直

置于左腿小腿后侧上

右腿微屈

缓慢向上拱起

3.4 灵敏协调练习

灵敏协调 | 对侧前后手碰脚

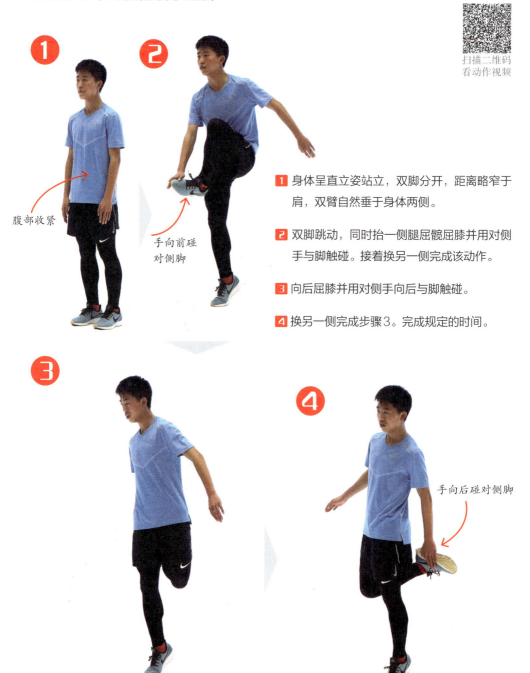

扫描二维码
看动作视频

腹部收紧

手向前碰
对侧脚

手向后碰对侧脚

1 身体呈直立姿站立，双脚分开，距离略窄于肩，双臂自然垂于身体两侧。

2 双脚跳动，同时抬一侧腿屈髋屈膝并用对侧手与脚触碰。接着换另一侧完成该动作。

3 向后屈膝并用对侧手向后与脚触碰。

4 换另一侧完成步骤3。完成规定的时间。

灵敏协调 | 螃蟹爬行

1 身体呈仰卧支撑姿势，屈髋屈膝，双手和双脚脚跟触地支撑，并保持臀部离地。双臂伸直，但注意不要锁死，目视前方。

2 保持腹部收紧，抬对侧的手和脚同步向前或向后移动。

3 换另一侧进行，完成规定的时间。

扫描二维码
看动作视频

肘关节不要锁死

臀部离地

向前移动

向前移动

灵敏协调 │ 纵向大猩猩爬行

1 俯身屈髋屈膝，呈双手和双脚触地支撑姿势，双臂伸直。保持双膝位于髋部正下方，并保持双膝离地。

2 保持腹部收紧，双腿蹬地发力，抬双臂使身体向前跳起，双手着地的同时将双腿拉向手臂。双脚落地后再次重复步骤2，完成规定的时间。

扫描二维码
看动作视频

双膝离地

灵敏协调 │ 横向大猩猩爬行

扫描二维码
看动作视频

双膝离地

1 俯身屈髋屈膝，呈双手和双脚触地支撑姿势，双臂伸直。保持双膝位于髋部正下方，并保持双膝离地。

2 保持腹部收紧，双腿蹬地发力，抬双臂使身体向一侧跳起，双手着地的同时双腿也向同侧移动。

3 双脚落地后再次重复步骤2，完成规定的时间。

灵敏协调 | 侧坐双腿转移

1 俯身屈髋屈膝，呈双手和双脚触地支撑姿势，双臂伸直。脚尖触地支撑，并保持双膝离地。

2 对侧手和脚同步，两侧交替向前爬行。爬行规定距离后，抬一侧手和对侧脚离开地面，同时向手臂侧翻转身体，注意保持臀部离地。翻转身体回到起始姿势，换至对侧，交替进行，完成规定的次数。

扫描二维码
看动作视频

双膝离地

臀部保持离地

灵敏协调 ｜ 毛毛虫爬行

1 身体呈直立站姿，双脚分开，距离与肩同宽，双臂伸直自然垂于身体两侧，目视前方。

2 屈髋俯身使双手着地，并保持双臂和双腿伸直，但不要锁死。

3 保持双脚位置不变的同时，双手交替向前移动。

4 当身体打开至头部、躯干和双腿呈一条直线时，挺胸抬头，使身体呈反弓形，并注意保持双腿不要着地。

5 保持双手位置不变，双脚交替向前移动靠近双手，过程中保持双腿伸直。

6 双脚向前移动至身体呈倒 "∨" 字形，重复步骤 2 至步骤 6，完成规定的时间。

扫描二维码
看动作视频

背部挺直

腹部收紧

双腿伸直，但不要锁死

3

双手交替
向前移动

双脚位置不变

4

身体呈反弓形

双腿不要着地

5

双手位置
不变

双脚交替
向前移动

6

身体呈倒
"V"字形

灵敏协调 ｜ 踝关节八字跳

1 身体呈直立姿站立，双脚分开，距离约与肩同宽，双臂
自然垂于身体两侧。

2~3 保持背部挺直，腹部收紧，双脚呈八字内收和外展
进行跳动。重复跳动，完成规定的时间。

扫描二维码
看动作视频

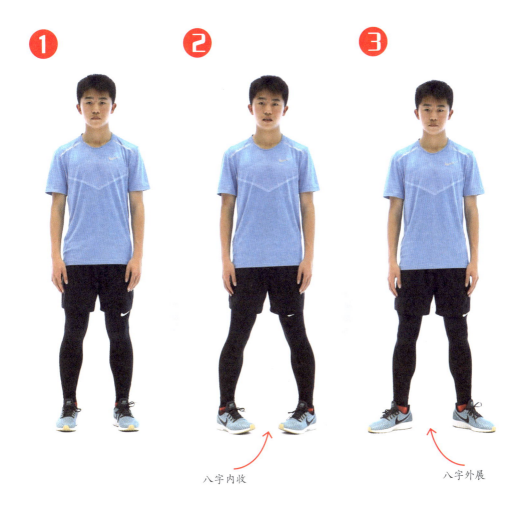

八字内收

八字外展

灵敏协调 ｜ 踝关节平行跳

1 身体呈直立姿站立，双脚分开，距离约与肩同宽，双臂自然垂于身体两侧。

2 ~ 3 保持双脚距离不变，双脚平行向一侧跳动，且脚尖朝向该侧。接着保持双脚平行，但脚尖朝向另一侧跳动。重复跳动，完成规定的时间。

扫描二维码
看动作视频

灵敏协调 | 十字向心跳

1 身体呈直立姿站立，双脚并拢，双手叉腰。站在十字区域内的A区域。

2 双脚蹬地，从A区域跳向B区域。

3 双脚蹬地，从B区域跳向C区域。

4 双脚蹬地，从C区域跳向D区域。最后从D区域跳回A区域。重复以上步骤，完成规定的次数。

扫描二维码
看动作视频

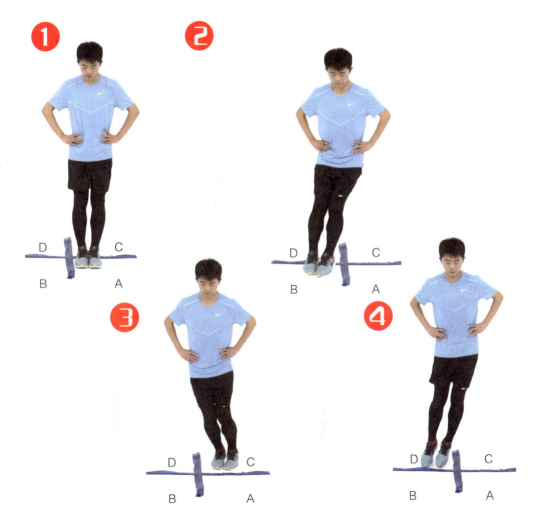

灵敏协调 ｜ 垫步直腿跳

1 身体呈直立姿站立，双脚分开，距离略窄于肩，双臂自然垂于身体两侧。

2 保持腹部收紧，抬一侧腿屈髋伸膝，同时让对侧手触碰抬起腿的脚尖。

3 抬起腿落地的同时用力蹬地，在前脚掌接触地面的瞬间，快速做一个原地垫步跳，同时换另一侧腿抬起并用对侧手触碰脚尖。双腿交替进行，完成规定的次数。

扫描二维码
看动作视频

手碰对侧脚的脚尖

原地垫步跳

灵敏协调 | 军人爬行

1 身体呈四点支撑的俯撑姿势（双肘和双脚脚尖着地），保持身体从头到脚踝在一条直线上。

2 抬一侧腿，最大限度向前屈髋并外展，同时对侧的手肘也向前移动。

3 换另一侧重复动作，两侧交替向前移动，完成规定的时间。

扫描二维码
看动作视频

向前移动

屈髋并外展至最大限度

灵敏协调 | 小丑跳

扫描二维码
看动作视频

脚尖着地

向外伸直

1 身体呈下蹲姿势，双脚脚尖着地，双手扶髋。

2 保持腹部收紧，向上跳起的同时使一侧腿向外伸直。

3 接着身体再次向上跳起并换另一侧腿向外伸直。两侧交替进行，完成规定的次数。

第4章

青少年居家健身后的拉伸活动

　　运动前要进行热身，而运动后则要进行拉伸放松。拉伸除了能够帮助锻炼者缓解肌肉紧张、消除疲劳和恢复肌纤维弹性，还能放松身心，令人心情愉悦。做好拉伸活动要掌握正确的拉伸方法，还要避免一些拉伸误区。

4.1　运动后进行拉伸活动的积极意义

运动结束后不能立即进入静止休息的状态，这样会导致肌肉等组织中的血液无法及时输送回心脏而造成部分器官出现缺血，而大脑缺血时会导致头晕、恶心，甚至休克。在运动后进行适当的拉伸活动，其意义主要有以下 4 个方面。

缓解机体紧张状态

运动结束后的一段时间内，肌肉仍会处于紧张的收缩状态，循环系统和呼吸系统等也会维持较高的运行水平。通过做一些有效的拉伸活动，能够降低神经 - 肌肉偶联的兴奋性，使紧张的肌肉逐渐放松，身体的各系统也逐渐恢复至相对平静的状态。

减少乳酸堆积，消除疲劳

在健身过程中，无氧供能系统会代谢生成大量乳酸，使血液循环中的乳酸水平升高，这也是引起运动后肌肉酸痛的重要原因。拉伸活动可以加快体内代谢废物的排出，提高乳酸的再利用率，尽快减少体内乳酸的堆积，消除机体疲劳感。

恢复肌纤维弹性

肌肉在运动过程中会长时间处于收缩状态，缺少舒张放松，从而使肌纤维的弹性降低。运动结束后进行适当的拉伸活动可以使肌肉得到充分的舒张，同时加速血液循环，从而运走肌肉中的代谢废物，使肌纤维的弹性得以恢复。

放松身心，增加运动愉悦感

在拉伸时，交感神经的兴奋性会逐步降低，心跳和呼吸频率也逐步减慢，血压下降至正常水平；此外，运动使大脑分泌更多的多巴胺和血清素等情绪调节激素，使人感到心情轻松和愉悦，在提升健身效果的同时还能增加青少年对运动的兴趣。

4.2　运动后进行拉伸活动的注意事项

拉伸活动看起来简单，但实际上有很多讲究。正确的拉伸不仅可以使身体放松下来，还有助于提高锻炼效果。在运动后的拉伸活动中一定要把握安全性、适度性和渐进性的原则。

安全性

拉伸活动是放松身心的重要手段，但错误的拉伸会给身体带来损害。因此，一定要掌握正确的拉伸方法。运动后的拉伸以静态拉伸动作为主，通过自身力量沿肌纤维生长方向将肌肉拉长，当肌肉被拉伸到一定的紧张度后以拉伸姿势保持一定的时间。在用力拉伸过程中动作要缓慢柔和，不能拉伸过快，要让肌肉和韧带缓慢适应拉伸的力度。

适度性

运动后要做一些全身性的拉伸活动，有助于整体的放松。拉伸动作的幅度要在自身可承受范围之内，根据自身的生理条件来设定拉伸程度。不要把疼痛当作检验拉伸效果的标准，疼痛会使肌肉收缩，进而阻止肌肉继续被拉长，如果继续拉伸的话，肌肉有可能会受到损害。

渐进性

在锻炼结束后立刻进行拉伸活动效果最好。由于运动时肌肉长时间收缩导致肌纤维长度缩短，在拉伸时要循序渐进，逐步提高动作幅度和强度，不要强行拉伸。拉伸时应把注意力集中在目标肌群上，呼吸节奏要配合拉伸动作，不可屏住呼吸。呼吸可为肌纤维放松提供充足的氧气，有利于减缓肌肉张力，提升放松效果。

4.3 拉伸练习

拉伸 │ 动态胸部扩张

目标肌群
胸肌

扫描二维码
看动作视频

1 身体呈直立姿站立，双脚距离与肩同宽，腹部收紧，挺胸抬头，目视前方。

2 双臂屈肘侧平举，双手交叉置于脑后。

3 双肘向后移动，直至胸肌有中等程度的拉伸感，完成规定的次数。

① ② ③

交叉置于脑后

向后移动

向后移动

腹部收紧

拉伸 | 跪式起跑者弓步

1 身体呈分腿跪姿，左腿在前，屈膝约呈90度，右腿在后，膝盖触地；背部挺直，双手置于左腿大腿上，目视前方。

2 髋部向前移动，直至髋部屈肌有中等程度的拉伸感。保持拉伸动作，直至达到规定的时间，对侧亦然。

扫描二维码
看动作视频

背部挺直

❶

膝盖触地

❷

向前移动

拉伸 | 股四头肌、屈髋肌群拉伸

目标肌群
股四头肌
屈髋肌群

1 身体呈左侧卧姿，头枕于左臂上；右侧屈髋屈膝，右臂伸直，右手握住右脚脚踝，左腿尽量伸直。

2 右手将右腿向右侧臀部拉，直至右腿股四头肌和屈髋肌群有中等程度的拉伸感，拉伸动作持续2秒左右。恢复起始姿势，换至对侧，双腿交替直至完成规定的次数。

扫描二维码
看动作视频

① 尽量伸直

② 将右腿向右侧臀部拉

多角度图

拉伸 | 仰卧单腿转髋

目标肌群
腘绳肌
臀肌

扫描二维码
看动作视频

1 身体呈仰卧姿，双臂侧平举且自然置于地面，双手掌心朝下，目视正上方。

2 上肢与躯干不动，右腿屈髋屈膝向左侧地面旋转，直至右腿腘绳肌与右侧臀肌有中等程度的拉伸感。恢复起始姿势，换至对侧，双腿交替直至完成规定的时间。

❶

双臂侧平举

❷

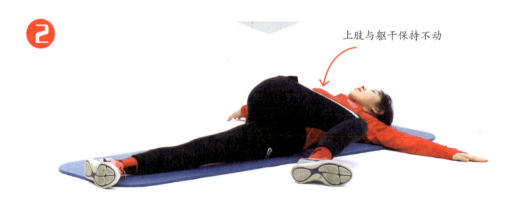

上肢与躯干保持不动

拉伸 │ 半跪姿股四头肌拉伸

目标肌群
股四头肌

身体呈前后腿半跪姿势；左腿在前，屈膝呈90度角；右腿在后，右膝着地，右手握住右脚脚背；背部挺直，右手尽量将右脚拉向右侧臀部。身体慢慢前倾的同时伸直左臂并上举，直至右腿股四头肌有中等程度的拉伸感。保持拉伸动作，直至达到规定的时间，对侧亦然。

扫描二维码
看动作视频

背部挺直

慢慢前倾

将右脚拉向
右侧臀部

拉伸 | 坐式向前屈身

目标肌群
躯干伸肌

1 身体呈坐姿，双腿分开且尽量外展，双膝微屈；双臂置于双腿内侧，双手触地，目视前方。

2 腿部不动，双臂前伸，含胸低头靠向地面，直至躯干伸肌有中等程度的拉伸感。保持拉伸动作，直至达到规定的时间。

扫描二维码
看动作视频

尽量外展　　　　尽量外展

含胸低头靠近地面

拉伸 | 舞者动作

目标肌群
臀肌
梨状肌

1 左腿屈膝置于身体前侧，右腿尽量伸直置于身体后侧；双臂伸直，双手撑地，目视前方。

2 双腿不动，上身缓慢前倾、下压，双臂屈曲，直至目标肌群有中等程度的拉伸感。保持拉伸动作，直至达到规定的时间，对侧亦然。

扫描二维码
看动作视频

尽量伸直

上身缓慢前倾、下压

拉伸 | 侧卧肩关节拉伸

目标肌群
肩外旋肌群

1 身体呈右侧卧姿，头部、躯干和腿部呈一条直线；右上臂紧贴地面，与躯干垂直，右前臂抬起，与躯干平行；左臂屈肘呈90度，左手置于右手腕关节上。

2 左手缓慢下压右前臂，直至右肩外旋肌群有中等程度的拉伸感，拉伸动作持续2秒左右。恢复起始姿势，换至对侧，直至完成规定的次数。

扫描二维码
看动作视频

右上臂紧贴地面

缓慢下压

拉伸 | 俯卧 I 字

目标肌群
肩带肌群
上背部肌群

1 身体呈俯卧姿，双臂伸直上举过头顶，贴近耳侧；双手握拳，拳心相对，拇指朝上伸直，整个身体呈"I"字形。

2 双侧肩胛骨向下、向内收紧，上抬双臂至最大限度，拉伸动作持续3～5秒。恢复起始姿势，完成规定的次数。

扫描二维码
看动作视频

❶

身体呈"I"字形

❷

肩胛骨向下、向内收紧

上抬双臂至最大限度

拉伸 ｜ 俯卧Y字

1 身体呈俯卧姿，双臂伸直上举过头顶，双臂与躯干呈"Y"
字形；双手握拳，拳心相对，拇指朝上伸直。

2 双侧肩胛骨向下、向内收紧，上抬双臂至最大限度，拉伸
动作持续3～5秒。恢复起始姿势，完成规定的次数。

扫描二维码
看动作视频

身体呈"Y"字形

上抬双臂至最大限度　　　肩胛骨向下、向内收紧

拉伸 ｜ 俯卧 T 字

目标肌群
肩带肌群
上背部肌群

1 身体呈俯卧姿，双臂侧平举，双臂与躯干呈"T"字形；双手握拳，拇指朝上伸直。

2 双侧肩胛骨向下、向内收紧，上抬双臂至最大限度，拉伸动作持续 3 ～ 5 秒。恢复起始姿势，完成规定的次数。

扫描二维码
看动作视频

① 身体呈"T"字形

② 肩胛骨向下、向内收紧

上抬双臂至最大限度

拉伸 | 俯卧 W 字

目标肌群
肩带肌群
上背部肌群

1 身体呈俯卧姿，双臂屈肘呈90度，与躯干呈"W"字形；双手握拳，拳心相对，拇指朝上伸直。

2 双侧肩胛骨向下、向内收紧，上抬双臂至最大限度，拉伸动作持续3～5秒。恢复起始姿势，完成规定的次数。

扫描二维码
看动作视频

❶ 身体呈"W"字形

❷ 上抬双臂至最大限度

肩胛骨向下、向内收紧

拉伸 | 卧式脊椎扭转

目标肌群
背阔肌
胸肌
臀肌

1 身体呈仰卧姿，头部与背部贴地，腹部收紧，双臂侧平举，双手掌心朝下；同时双腿屈膝，基本呈90度，双脚全脚掌触地。

2 双臂不动，头向左转，同时躯干、髋部和双腿向身体右侧扭转，右膝尽量触地，直至目标肌群有中等程度的拉伸感。保持拉伸动作，直至达到规定的时间，对侧亦然。

扫描二维码
看动作视频

腹部收紧

侧平举

向右转

向左转

105

第5章

青少年居家健身方案

本章提供了12个适合青少年在家进行的健身方案，既包括青少年力量素质、心肺耐力、柔韧素质、灵敏协调素质的提升方案，又有帮助青少年塑造挺拔身姿、减脂塑形的训练方案。方案分为基础版和进阶版，可供有不同健身需求的青少年进行选择。

5.1 提升力量素质的健身方案（基础版）

A 后交叉弓步
P25

B 屈髋外展跳
P23

C 原地垫步跳
P20

D 婴儿爬行
P43

E 徒手蹲
P40

F 平板支撑
P32

G 仰卧倒踩俄罗斯单车
P35

H 纵向大猩猩爬行
P76

I 俯身臂屈伸
P28

J 纵向桌式爬行
P45

K 俯卧抬上身
P37

L 标准静态臀桥
P38

Ⓜ 横向大猩猩爬行
P77

Ⓝ 俯卧 I 字
P101

Ⓞ 跪式起跑者弓步
P93

Ⓟ 侧卧肩关节拉伸
P100

热身练习	力量素质练习		拉伸练习
Ⓐ 2组,每组左右各10次,间歇5秒—低速	Ⓓ 3组,20秒/组,间歇10秒—低中速	Ⓚ 3组,10～15次/组,间歇20秒—中速	Ⓝ 2组,5次/组,间歇10秒—低速
Ⓑ 2组,每组左右各10次,间歇5秒—中速	Ⓔ 3组,10～15次/组,间歇15秒—低中速	Ⓛ 3组,10～15秒/组,间歇10秒	Ⓞ 2组,每组左右各20秒,间歇10秒—低速
Ⓒ 2组,15秒/组,间歇5秒—中速	Ⓕ 3组,15秒/组,间歇20秒	Ⓜ 3组,15秒/组,间歇10秒—低中速	Ⓟ 2组,每组左右各5次,间歇10秒—低速
	Ⓖ 3组,20秒/组,间歇20秒—中速		
	Ⓗ 3组,15秒/组,间歇10秒—低中速		
	Ⓘ 3组,10～15次/组,间歇10秒—低中速		
	Ⓙ 3组,20秒/组,间歇15秒—低中速		

5.2 提升力量素质的健身方案（进阶版）

A 后交叉弓步
P25

B 屈髋外展跳
P23

C 原地垫步跳
P20

D 俯卧撑
P29

E 相扑式徒手蹲
P41

F 平板支撑对侧上举
P33

G 仰卧转腹对侧肘碰膝
P36

H 军人爬行
P85

I 俯卧撑 T 字
P30

J 旋转桌式爬行
P46

K 平板支撑动态前屈髋
P34

L 侧卧直膝髋外展
P39

Ⓜ 毛毛虫爬行
P79

Ⓝ 俯卧 I 字
P101

Ⓞ 跪式起跑者弓步
P93

Ⓟ 侧卧肩关节拉伸
P100

热身练习	力量素质练习	拉伸练习
Ⓐ 2组，每组左右各10次，间隔5秒—低速 Ⓑ 2组，每组左右各10次，间隔5秒—中速 Ⓒ 2组，15秒/组，间隔5秒—中速	Ⓓ 3组，15次/组，间隔10秒—低中速 Ⓔ 3组，15～20次/组，间隔15秒—中速 Ⓕ 3组，每组左右各8～12次/组，间隔15秒—低中速 Ⓖ 3组，每组左右各8～12次，间隔20秒—中速 Ⓗ 3组，15秒/组，间隔10秒—低中速 Ⓘ 3组，每组左右各8～12次，间隔20秒—低中速 Ⓙ 3组，20秒/组，间隔20秒—中速 Ⓚ 3组，每组左右各10～15次，间隔20秒—中速 Ⓛ 3组，每组左右各10～15次，间隔20秒—中速 Ⓜ 3组，15秒/组，间隔10秒—低中速	Ⓝ 2组，5次/组，间隔10秒—低速 Ⓞ 2组，每组左右各20秒，间隔10秒—低速 Ⓟ 2组，每组左右各5次，间隔10秒—低速

5.3 提升心肺耐力的健身方案（基础版）

A 抱膝前进
P22

B 原地军步走
P19

C 横向垫步跳
P21

D 双脚前后交替跳
P50

E 运动姿快速转髋
P56

F 横向大猩猩爬行
P77

G 开合跳
P51

H 对侧肘碰膝垫步跳
P54

I 双脚左右跳
P49

J 2英寸碎步跑
P48

K 仰卧倒踩俄罗斯单车
P35

L 波比
P52

Ⓜ 振臂跳
P55

Ⓝ 俯卧 I 字
P101

Ⓞ 坐式向前屈身
P98

Ⓟ 股四头肌、屈髋肌群拉伸
P94

热身练习	心肺耐力练习	拉伸练习
Ⓐ 2组,每组左右各10次,间隔5秒—低速	Ⓓ 3组,20秒/组,间隔15秒—低中速	Ⓝ 2组,5次/组,间隔10秒—低速
Ⓑ 2组,20秒/组,间隔5秒—中速	Ⓔ 3组,每组左右各10～15次,间隔20秒—低中速	Ⓞ 2组,20秒/组,间隔10秒—低速
Ⓒ 2组,15秒/组,间隔5秒—中速	Ⓕ 3组,15秒/组,间隔10秒—低中速	Ⓟ 2组,每组左右各5次,间隔10秒—低速
	Ⓖ 3组,15～20次/组,间隔20秒—低中速	
	Ⓗ 3组,每组左右各10～15次,间隔15秒—低中速	
	Ⓘ 3组,15～20秒/组,间隔15秒—低中速	
	Ⓙ 3组,20秒/组,间隔20秒—中速	
	Ⓚ 3组,15～20秒/组,间隔10秒—低中速	
	Ⓛ 3组,10～15次/组,间隔20秒—低中速	
	Ⓜ 3组,每组左右各15次,间隔15秒—中速	

5.4 提升心肺耐力的健身方案（进阶版）

A 抱膝前进
P22

B 原地军步走
P19

C 横向垫步跳
P21

D 双脚前后交替跳
P50

E 运动姿快速转髋
P56

F 横向大猩猩爬行
P77

G 开合跳
P51

H 对侧肘碰膝垫步跳
P54

I 双脚左右跳
P49

J 2英寸碎步跑
P48

K 仰卧倒踩俄罗斯单车
P35

L 波比
P52

M 振臂跳
P55

N 俯卧 I 字
P101

O 坐式向前屈身
P98

P 股四头肌、屈髋肌
群拉伸
P94

热身练习	心肺耐力练习	拉伸练习
A 2组，每组左右各10次，间隔5秒—低速	**D** 3组，25秒/组，间隔15秒—中速	**N** 2组，5次/组，间隔10秒—低速
B 2组，20秒/组，间隔5秒—中速	**E** 3组，每组左右各15次，间隔20秒—中高速	**O** 2组，20秒/组，间隔10秒—低速
C 2组，15秒/组，间隔5秒—中速	**F** 3组，15秒/组，间隔10秒—低中速	**P** 2组，每组左右各5次，间隔10秒—低速
	G 3组，20～25次/组，间隔20秒—中速	
	H 3组，每组左右各15次，间隔15秒—中速	
	I 3组，每组左右各20～25次，间隔15秒—低中速	
	J 3组，25秒/组，间隔20秒—中高速	
	K 3组，每组左右各10～15次，间隔10秒—低中速	
	L 3组，10～20次/组，间隔20秒—低中速	
	M 3组，每组左右各20次，间隔15秒—中速	

5.5 提升柔韧素质的健身方案（基础版）

Ⓐ 屈髋外展跳
P23

Ⓑ 原地军步走
P19

Ⓒ 向后弓步旋转
P24

Ⓓ 腕部屈肌和伸肌被动拉伸
P58

Ⓔ 动态眼镜蛇式
P66

Ⓕ 徒手蹲
P40

Ⓖ 跪撑胸椎旋转
P62

Ⓗ 小腿腓肠肌拉伸
P73

Ⓘ 肱三头肌被动拉伸
P59

Ⓙ 三角式
P61

Ⓚ 仰卧倒踩俄罗斯单车
P35

Ⓛ 股四头肌行进拉伸
P68

Ⓜ 小腿比目鱼肌拉伸
P72

Ⓝ 动态胸部扩张
P92

Ⓞ 仰卧单腿转髋
P96

Ⓟ 俯卧 W 字
P104

热身练习	柔韧素质练习	拉伸练习
Ⓐ 2组,每组左右各10次,间隔5秒—低中速 Ⓑ 2组,20秒/组,间隔5秒—中速 Ⓒ 2组,每组左右各10次,间隔5秒—低速	Ⓓ 3组,每组左右各1次,间隔10秒—低速 Ⓔ 3组,15次/组,间隔15秒—低速 Ⓕ 3组,10～15次/组,间隔15秒—中速 Ⓖ 3组,每组左右各8～10次,间隔15秒—低速 Ⓗ 3组,每组左右各8～12次,间隔10秒—低速 Ⓘ 3组,每组左右各10秒,间隔10秒—低速 Ⓙ 3组,每组左右各10～15秒,间隔15秒—低速 Ⓚ 3组,20秒/组,间隔15秒—中速 Ⓛ 3组,每组左右各8～12次,间隔15秒—低速 Ⓜ 3组,每组左右各8～12次,间隔10秒—低速	Ⓝ 2组,10～15次/组,间隔10秒—低速 Ⓞ 2组,每组左右各20秒,间隔10秒—低速 Ⓟ 2组,5次/组,间隔10秒—低速

5.6 提升柔韧素质的健身方案（进阶版）

Ⓐ 屈髋外展跳
P23

Ⓑ 原地军步走
P19

Ⓒ 向后弓步旋转
P24

Ⓓ 三角肌前束主动拉伸
P57

Ⓔ 弓式
P67

Ⓕ 徒手蹲
P40

Ⓖ 跪撑胸椎旋转单腿
伸直
P62

Ⓗ 小腿腓肠肌拉伸
P73

Ⓘ 动态侧向伸展
P60

Ⓙ 最伟大拉伸
P70

Ⓚ 仰卧倒踩俄罗斯单车
P35

Ⓛ 单腿屈髋
P69

M 小腿比目鱼肌拉伸
P72

N 动态胸部扩张
P92

O 仰卧单腿转髋
P96

P 俯卧 W 字
P104

热身练习	柔韧素质练习	拉伸练习
Ⓐ 2组，每组左右各10次，间隔5秒—低中速 Ⓑ 2组，20秒/组，间隔5秒—中速 Ⓒ 2组，每组左右各10次，间隔5秒—低速	Ⓓ 3组，10～15秒/组，间隔10秒—低速 Ⓔ 3组，10～15秒/组，间隔15秒—低速 Ⓕ 3组，10～15次/组，间隔15秒—中速 Ⓖ 3组，每组左右各8～12次，间隔15秒—低中速 Ⓗ 3组，每组左右各8～12次，间隔15秒—低速 Ⓘ 3组，每组左右各10～12次，间隔15秒—低速 Ⓙ 3组，每组左右各8～12次，间隔15秒—低速 Ⓚ 3组，20秒/组，间隔15秒—中速 Ⓛ 3组，每组左右各10～15秒，间隔15秒—低速 Ⓜ 3组，每组左右各8～12次，间隔15秒—低速	Ⓝ 2组，10～15次/组，间隔10秒—低速 Ⓞ 2组，每组左右各20秒，间隔10秒—低速 Ⓟ 2组，5次/组，间隔10秒—低速

5.7　提升灵敏协调素质的健身方案（基础版）

Ⓐ 抱膝前进　P22

Ⓑ 原地垫步跳　P20

Ⓒ 向后弓步旋转　P24

Ⓓ 军人爬行　P85

Ⓔ 纵向大猩猩爬行　P76

Ⓕ 振臂跳　P55

Ⓖ 踝关节八字跳　P81

Ⓗ 对侧前后手碰脚　P74

Ⓘ 毛毛虫爬行　P79

Ⓙ 横向大猩猩爬行　P77

Ⓚ 2 英寸碎步跑　P48

Ⓛ 踝关节平行跳　P82

M 十字向心跳
P83

N 俯卧 T 字
P103

O 舞者动作
P99

P 跪式起跑者弓步
P93

热身练习	灵敏协调素质练习		拉伸练习
A 2组,每组左右各10次,间隔5秒—低速	**D** 3组,15秒/组,间隔10秒—低中速	**I** 3组,15秒/组,间隔10秒—低中速	**N** 2组,5次/组,间隔10秒—低速
B 2组,15秒/组,间隔5秒—中速	**E** 3组,15秒/组,间隔15秒—低中速	**J** 3组,15秒/组,间隔15秒—低中速	**O** 2组,每组左右各20秒,间隔10秒—低速
C 2组,每组左右各10次,间隔5秒—低速	**F** 3组,每组左右各15次,间隔15秒—中速	**K** 3组,15秒/组,间隔15秒—中速	**P** 2组,每组左右各20秒,间隔10秒—低速
	G 3组,15 ~20秒/组,间隔15秒—中速	**L** 3组,15 ~20秒/组,间隔15秒—中速	
	H 3组,15 ~20秒/组,间隔15秒—中速	**M** 3组,20次/组,间隔15秒—低中速	

5.8 提升灵敏协调素质的健身方案（进阶版）

Ⓐ 屈髋外展跳
P23

Ⓑ 原地军步走
P19

Ⓒ 向后弓步旋转
P24

Ⓓ 螃蟹爬行
P75

Ⓔ 军人爬行
P85

Ⓕ 振臂跳
P55

Ⓖ 十字向心跳
P83

Ⓗ 对侧前后手碰脚
P74

Ⓘ 横向桌式爬行
P44

Ⓙ 侧坐双腿转移
P78

Ⓚ 2英寸碎步跑
P48

Ⓛ 小丑跳
P86

M 垫步直腿跳
P84

N 俯卧 T 字
P103

O 舞者动作
P99

P 跪式起跑者弓步
P93

热身练习	灵敏协调素质练习	拉伸练习
A 2组，每组左右各10次，间隔5秒—低速	**D** 3组，15秒/组，间隔10秒—低中速	**N** 2组，5次/组，间隔10秒—低速
B 2组，15秒/组，间隔5秒—中速	**E** 3组，20秒/组，间隔15秒—低中速	**O** 2组，每组左右各20秒，间隔10秒—低速
C 2组，每组左右各10次，间隔5秒—低速	**F** 3组，每组左右各15次，间隔15秒—中速	**P** 2组，每组左右各20秒，间隔10秒—低速
	G 3组，25次/组，间隔15秒—中速	
	H 3组，20秒/组，间隔15秒—中速	
	I 3组，15秒/组，间隔10秒—低中速	
	J 3组，每组左右各10～15次，间隔15秒—低中速	
	K 3组，15秒/组，间隔15秒—中速	
	L 3组，每组左右各10～15次，间隔15秒—中速	
	M 3组，每组左右各10～15次，间隔15秒—中速	

5.9 挺拔身姿健身方案（基础版）

A 屈髋外展跳
P23

B 原地垫步跳
P20

C 后交叉弓步
P25

D 纵向大猩猩爬行
P76

E 仰卧倒踩俄罗斯单车
P35

F 振臂跳
P55

G 俯卧撑
P29

H 徒手蹲
P40

I 毛毛虫爬行
P79

J 俯卧抬上身
P37

K 对侧肘碰膝垫步跳
P54

L 跪撑胸椎旋转
P62

M 平板支撑
P32

N 俯卧 W 字
P104

O 跪式起跑者弓步
P93

P 侧卧肩关节拉伸
P100

热身练习	挺拔身姿练习	拉伸练习
A 2组，每组左右各10次，间隔5秒—低速 **B** 2组，15秒/组，间隔5秒—中速 **C** 2组，每组左右各10次，间隔5秒—低速	**D** 3组，15秒/组，间隔10秒—低中速 **E** 3组，15～20秒/组，间隔15秒—中速 **F** 3组，每组左右各15次，间隔15秒—中速 **G** 3组，10～15次/组，间隔10秒—低中速 **H** 3组，10～15次/组，间隔10秒—低中速 **I** 3组，15秒/组，间隔10秒—低中速 **J** 3组，10～15次/组，间隔15秒—中速 **K** 3组，每组左右各10～15次，间隔15秒—中速 **L** 3组，每组左右各8～12次，间隔15秒—低速 **M** 3组，15秒/组，间隔20秒	**N** 2组，5次/组，间隔10秒—低速 **O** 2组，每组左右各20秒，间隔10秒—低速 **P** 2组，每组左右各5次，间隔10秒—低速

5.10 挺拔身姿健身方案（进阶版）

A 屈髋外展跳
P23

B 原地垫步跳
P20

C 后交叉弓步
P25

D 军人爬行
P85

E 动态眼镜蛇式
P66

F 振臂跳
P55

G 俯卧撑 T 字
P30

H 相扑式徒手蹲
P41

I 侧坐双腿转移
P78

J 最伟大拉伸
P70

K 对侧肘碰膝垫步跳
P54

L 跪撑胸椎旋转单腿
伸直
P64

M 平板支撑对侧上举
P33

N 俯卧 W 字
P104

O 跪式起跑者弓步
P93

P 侧卧肩关节拉伸
P100

热身练习	挺拔身姿练习		拉伸练习
A 2组,每组左右各10次,间隔5秒—低速	**D** 3组,20秒/组,间隔10秒—低中速	**J** 3组,每组左右各8～12次,间隔15秒—低速	**N** 2组,5次/组,间隔10秒—低速
B 2组,15秒/组,间隔5秒—中速	**E** 3组,15次/组,间隔15秒—低中速	**K** 3组,每组左右各15次,间隔15秒—中速	**O** 2组,每组左右各20秒,间隔10秒—低速
C 2组,每组左右各10次,间隔5秒—低速	**F** 3组,每组左右各15次,间隔15秒—中速	**L** 3组,每组左右各8～12次,间隔15秒—低速	**P** 2组,每组左右各5次,间隔10秒—低速
	G 3组,每组左右各10～15次,间隔15秒—低中速	**M** 3组,每组左右各8～12次,间隔20秒—低中速	
	H 3组,10～15次/组,间隔15秒—中速		
	I 3组,每组左右各10～15次,间隔15秒—低中速		

5.11 减脂塑形健身方案（基础版）

A 抱膝前进
P22

B 横向垫步跳
P21

C 向后弓步旋转
P24

D 对侧肘碰膝垫步跳
P54

E 徒手蹲
P40

F 运动姿快速转髋
P56

G 俯卧抬上身
P37

H 开合跳
P51

I 十字向心跳
P83

J 毛毛虫爬行
P79

K 2 英寸碎步跑
P48

L 仰卧转腹对侧肘碰膝
P36

M 波比
P52

N 俯卧 Y 字
P102

O 仰卧单腿转髋
P96

P 半跪姿股四头肌拉伸
P97

热身练习	减脂塑形练习	拉伸练习
A 2组，每组左右各10次，间隔5秒—低速	**D** 3组，每组左右各15次，间隔10秒—中速	**N** 2组，5次/组，间隔10秒—低速
B 2组，15秒/组，间隔5秒—中速	**E** 3组，15次/组，间隔10秒—低中速	**O** 2组，每组左右各20秒，间隔10秒—低速
C 2组，每组左右各10次，间隔5秒—低速	**F** 3组，每组左右各15次，间隔15秒—中速	**P** 2组，每组左右各20秒，间隔10秒—低速
	G 3组，15次/组，间隔15秒—低中速	
	H 3组，20次/组，间隔15秒—中速	
	I 3组，20次/组，间隔10秒—中速	
	J 3组，15秒/组，间隔10秒—低中速	
	K 3组，20秒/组，间隔15秒—中速	
	L 3组，每组左右各10～15次，间隔15秒—低中速	
	M 3组，12～15次/组，间隔15秒—中速	

5.12 减脂塑形健身方案（进阶版）

A 抱膝前进
P22

B 横向垫步跳
P21

C 向后弓步旋转
P24

D 螃蟹爬行
P75

E 对侧肘碰膝垫步跳
P54

F 俯卧抬上身
P37

G 开合跳
P51

H 运动姿快速转髋
P56

I 十字向心跳
P83

J 振臂跳
P55

K 2英寸碎步跑
P48

L 波比
P52

M 仰卧转腹对侧肘碰膝
P36

N 俯卧丫字
P102

O 仰卧单腿转髋
P96

P 半跪姿股四头肌拉伸
P97

热身练习	减脂塑形练习		拉伸练习
A 2组,每组左右各10次,间隔5秒—低速	**D** 3组,15秒/组,间隔10秒—低中速	**K** 3组,20秒/组,间隔10秒—中速	**N** 2组,5次/组,间隔10秒—低速
B 2组,15秒/组,间隔5秒—中速	**E** 3组,每组左右各15～20次,间隔15秒—高速	**L** 3组,15～20次/组,间隔15秒—中速	**O** 2组,每组左右各20秒,间隔10秒—低速
C 2组,每组左右各10次,间隔5秒—低速	**F** 3组,15次/组,间隔10秒— 低中速	**M** 3组,每组左右各10～15次,间隔10秒—低中速	**P** 2组,每组左右各20秒,间隔10秒—低速
	G 3组,20～25次/组,间隔15秒—高速		
	H 3组,每组左右各15次,间隔10秒—低中速		
	I 3组,20次/组,间隔10秒—低中速		
	J 3组,每组左右各15～20次,间隔15秒—高速		